www.ingramcontent.com/pod-product-compliance
Lightning Source LLC
Chambersburg PA
CBHW020550030426
42337CB00013B/1035
* 9 7 8 1 3 9 5 8 6 0 4 2 4 *